Cordula Tollmien

Short Shool Stories

Translated by Sabrina Erfurth

Illustrations by Stephan Baumann

arsEdition

Bibliografische Information Der Deutschen Bibliothek

Die Deutsche Bibliothek verzeichnet diese Publikation
in der Deutschen Nationalbibliografie;
detaillierte bibliografische Daten sind im Internet über
http://dnb.ddb.de abrufbar.

5 4 3 2 1 08 07 06 05

Originaltext: Cordula Tollmien
Titelbild und Innenillustrationen: Stephan Baumann
Übersetzung ins Englische: Sabrina Erfurth
Titelvignette: Carola Holland
ISBN 3-7607-4027-8

Kleine Schulgeschichten

Text: Cordula Tollmien
Titelbild und Innenillustrationen: Stephan Baumann

Konzeption und Umsetzung des Lernspielheftes: Sabrina Erfurth
Die CD wurde aufgenommen in Berlin, Januar 2005
Sprecherin: Rebecca Stodiek
Aufnahme: Jasper Diederich
Musik, Regie, Gesamtproduktion: Thomas Lotz

www.arsedition.de

Contents

Who Wants to Sit Next to Julia?

"This is Julia,"
says the teacher.
"She's a new student
in our class."

Julia nods and
swings a big bag.
"I brought something
for everybody,"
she calls.
Everybody claps and shouts.

The teacher calls:
“Not now.
We are having a lesson now.
You can hand out your sweets
during the break.

Who wants to sit next to Julia?”
Again everybody shouts: “Me!”
Only Tom doesn’t say anything.

"Where do you want to sit, Julia?"
asks the teacher.
"Back there," Julia answers.
She points at Tom.

"Do you know each other?"
the teacher asks surprised.
"No," Julia answers.
"Well, o.k.," says the teacher.
"The seat next to Tom
is still free.
Then I don't have to
move anyone to another seat."

During the break
Julia hands out her sweets.
Everybody is standing around her.
Except for Tom.
Julia goes to him.

"What's wrong?" she asks.
"Nothing," Tom answers.
"Why didn't you want
to sit next to me?"
Julia carries on asking.
"But I did want to,"
says Tom.
"Not true," says Julia.

Tom thinks about it and says:
“I didn’t like
the way the others
shouted.
Only because of the sweets.”

Now Julia thinks about it.
"I only did that
because I was scared,"
she explains.
"Of what?" Tom asks.
"That nobody would like me.
Because I don't know anybody,"
Julia answers.

Tom hadn't thought of that.
But he can understand it.
Actually Julia is very nice.
Even without sweets.
He tells her so.

Julia smiles at him and asks:
“Would you like some anyway?”
She offers him the bag.
Tom smiles back at her.
Then he reaches down deep
into the bag.

Can Timmi Stay?

In the middle of the Maths lesson
something suddenly scratches
at the door.
The children laugh.

"Quiet!" says Mrs Richter.
She tells them the next
maths problem.
But nobody starts solving it.
Everybody stares at the door.

“What’s wrong with you?”
Mrs Richter asks.
“Can’t you hear that?”
Malina asks.
Mrs Richter must really
have bad hearing.

Now something is whimpering.
Mrs Richter hears it too.
"Is that one of you?"
she asks strictly.
Everybody shakes their head.

"It's coming from outside,"
says Lars.
"Then it's none of our business.
Let's carry on,"
Mrs Richter answers.

But the whimpering becomes
louder and louder.
Finally, Mrs Richter opens the door.

A small dog comes barging in.
He runs all the way to the back
to Franziska
and jumps on her lap
barking loudly.

“Is this your dog?”
Mrs Richter asks.
Franziska nods
and beams.
Therefore Mrs Richter
stops looking quite so
sternly.

“What is his name?” she asks.
“Timmi. He was looking for me,”
Franziska answers quietly.
And she beams even more.

“Oh, please!
Can Timmi stay?
Only for today! Please!”
everybody begs.

“A dog doesn’t
belong in school,”
says Mrs Richter.

But Timmi looks at her so sweetly
and so does Franziska.
So Mrs Richter says:
“But only for today!”

Then all children are allowed
to pet Timmi.
But only once.

After that Timmi has to
lie down underneath
Franziska's chair.
The children aren't allowed
to look at him.
They have to pay attention.

Mrs Richter tells them
some things about dogs.
How they live and
what they eat.
And that they were wolves once.

After all, the children
are supposed to learn something.
Luckily, the break
is coming up soon.

Chewing Gum For Instance

The janitor's name
is Mr Franz.
Usually Mr Franz is
very nice to children.

However, there are a few things
that he simply
can’t stand.
Chewing Gum for instance.

He always says:
"As long as you keep
that stuff in your mouths
I don't care.
But I warn you,
don't spit it out in the school yard
or stick it under the tables.
Then you'll get the surprise
of your life!"

Ernesto knows that.
Even so, he sticks his chewing gum
onto the steps.
He wants to tease Mr Franz.

Shortly later Mr Franz comes.
When he steps on
the chewing gum,
it gives out a loud “smack”.

Mr Franz stops.
He takes of his shoe
and looks under it.
Then he shouts:
“Everybody come here!
Who did this?”

Ernesto stands in the back.
But that doesn't help.
Mr Franz doesn't have to
ask any more.
He waves Ernesto over.

Then he points
at his shoe and says:
"Clean it!"
"With what?"
Ernesto asks pitifully.

Jan gives him a piece of paper.
But it doesn't work with that.
The paper sticks
to the chewing gum.

So Mr Franz
puts his shoe back on.
He gets a spatula.
With that it works much better.
Ernesto also cleans
the step.

But Mr Franz
still isn't satisfied.

He goes to
Ernesto's teacher.
She gives Ernesto
a lesson off.

Together with Mr. Franz
Ernesto has to
search the school yard
for chewing gum..

That is so disgusting!
There's chewing gum
everywhere.
Ernesto scratches and scrapes.
His hands hurt
from all the scratching and scraping.

Now Ernesto knows
why Mr Franz
can't stand chewing gum.
And he tells him too.
Mr Franz laughs.

That makes Ernesto happy.
Because he actually
really likes Mr Franz.

The next time he wants to tease
Mr Franz a little,
he will think of
something different.
In any case, definitely
nothing including
chewing gum.

The Second Lifeguard

"I am sure I have a fever,"
says Julian.
His mother lays her hand
on his forehead and says:
"No, you don't."

"But a stomach-ache,"
says Julian.
Mom looks at him and asks:
"What's wrong, Julian?
Don't you want to go to school?
You are going swimming today.
Surely, that is great."

"No way," Julian thinks.
But he doesn't say anything.

Julian is afraid of the water.
He dawdles while he
changes his clothes.
He stays under the shower
as long as possible.

Everybody is already in the water.
Only Julian isn't.
The others romp in the water and
splash it around.
Julian would like
to run away.

Then the lifeguard comes to Julian
and asks:
"Can you help me?
The pool for the children
has to be separated
from the deep side
with a rope.

I have forgotten
to put it up.
But it needs
to be there.
So that you all can tell
where it is deep.

Could you do that for me?
Then I don't have to
go into the water myself."

"Can I do that?"
Julian asks frightened.

The lifeguard answers:
"Of course!
It's really easy.
You go into the water.
Then I will give you the rope.

You walk
to the other side with it.
You will find a hook there.
You hook up the rope.
That's all."

Julian is afraid.
Then he must go into the water!
But the lifeguard is
so friendly.
Therefore he doesn't want to say no.

So Julian walks towards the pool.
As soon as he is on the steps the
others splash water on him.

But then the lifeguard calls:
“Leave him alone!
He is the second lifeguard
today.”
Then nobody dares to anymore.

Julian takes the rope
and goes through the pool.
On the other side he hooks it up.
That was really very easy.
And he wasn't afraid
at all.

"Second lifeguard,"
is what the lifeguard had said.
That sounds good.

Maybe Julian
should try
to learn to swim after all?
Then he could become
a lifeguard one day.

Vocabulary List

Vokabelliste

A

a	ein(e)
a few	ein paar
a little	ein bisschen
about	über;
	▶ thinks about
actually	eigentlich
afraid	▶ is afraid
	▶ wasn't afraid at all
after	danach; nach
after all	(denn) schließlich
after that	danach
again	wieder
all	alle(s);
	▶ after all;
	▶ all the way to the back;
	▶ from all the;
	▶ wasn't afraid at all
all the way to the back	ganz nach hinten
allowed	▶ are allowed to;
	▶ aren't allowed to
alone	allein;
	▶ Leave him alone!
already	schon
also	auch
always	immer
am	bin;
	▶ I am sure

and	und
another	▶ move to another seat
answers	antwortet (to answer = antworten)
any	▶ in any case
(not…) anybody	keine/r/n
(not…) anymore	nicht mehr
(not…) anyone	niemand/en
(not…) anything	nichts
anyway	trotzdem
are	sind; ▶ there are
are allowed to	dürfen
are going swimming	geht schwimmen (to go swimming = schwimmen gehen)
aren't allowed to	dürfen nicht
are having	haben (to have = haben)
are supposed to	sollen
around	herum; um
as long as	so lange wie
as soon as	sobald; schon als
ask	fragen
asking	▶ carries on asking
asks	fragt (to ask = fragen)
at	▶ look at; ▶ looks at; ▶ points at; ▶ smiles at; ▶ wasn't afraid at all
at the door	an der Tür; zur Tür
attention	▶ pay attention
away	weg; ▶ run away
B back	▶ all the way to the back; ▶ puts back on; ▶ smiles back at

back there	dahinten
bad	schlecht; ▶ has bad hearing
bag	die Tüte
barging (in)	saust herein (to barge in = hereinsausen)
barking	bellend (to bark = bellen)
be	sein
beams	strahlt (to beam = strahlen)
because	denn; weil
because of	wegen
become	werden
becomes	wird (to become = werden)
begs	bettelt (to beg = betteln)
belong	gehören
better	besser
big	groß(e)
break	die Pause
brought	mitgebracht (to bring = mitbringen)
business	▶ it's none of our business
but	aber, doch
But I did want to.	Wollte ich doch.

C

calls	ruft (to call = rufen)
can	kann; kannst; können
can't	kann nicht; können nicht
can't stand	kann nicht ausstehen; kann nicht leiden
care	▶ I don't care.
carries on asking	fragt weiter (to carry on asking = weiter fragen)
carry on	weiter machen
case	▶ in any case
chair	der Stuhl
chance	▶ no chance

changes his clothes	er zieht sich um
	(to change one's clothes =
	sich umziehen)
chewing gum	der Kaugummi
children	die Kinder
claps	klatschen
	(to clap = in die Hände klatschen)
class	die Klasse
clean	säubern
cleans	säubert (to clean = säubern)
clothes	die Kleidungsstücke;
	▶ changes his clothes
come here	herkommen
comes	kommt (to come = kommen)
coming	kommt (to come = kommen);
	▶ is coming up
could	könnte(st) (could = können)
course	▶ of course

D

dares	traut sich (to dare = sich trauen)
dawdles	trödelt (to dawdle = trödeln)
day	der Tag; => one day
deep	tief(en)
definitely	bestimmt
did	gemacht;
	▶ But I did want to.;
	▶ Who did this?
didn't	Kurzform von: did not;
	▶ I didn't like
didn't you want	wolltest du nicht
different	anderes; anders
disgusting	eklig
do	tun; tut; tust
does	tut
doesn't	tut nicht (Kurzform von: does not)
doesn't work	geht nicht
dog	der Hund

dogs	die Hunde
don't	nicht tun (Kurzform von: do not)
door	die Tür
down	hinunter; unter
during	in / während
E each other	einander
easy	einfach / leicht
eat	essen; fressen
even	auch; noch
even so	aber trotzdem
everybody	alle
everywhere	überall
Except for Tom.	Nur Tom nicht. / Außer Tom.
explains	erklärt (to explain = erklären)
F fever	das Fieber
few	▶ a few
finally	endlich
find	finden
for	für; nach; zum; ▶ Except for Tom.; ▶ looking for
for instance	zum Beispiel
forehead	die Stirn
forgotten	vergessen
free	frei
friendly	freundlich
frightened	ängstlich
from	durch; vom; von
from all the	▶ vom vielen
G get	▶ you'll get the surprise of your life
gets	holt (to get = holen)
give	gebe (to give = geben)
gives	gibt (to give = geben)

gives off	gibt frei (to give somebody off = frei geben)
gives out	machen (im Sinne von “Lärm machen”)
go	gehen
goes	geht (to go = gehen)
going	geht (to go = gehen)
good	gut
great	toll(e)
gum	das Gummi; ▶ chewing gum

H

had	hat (to have = haben)
hadn’t	hat nicht (Kurzform von: had not)
hand	die Hand
hand out	verteilen
hands	die Hände
hands out	verteilt (to hand out = verteilen)
happy	froh
has bad hearing	kann schlecht hören (to have bad hearing = schlecht hören können)
has to	muss (have to = müssen)
have	habe, haben
have to	müssen
having	haben (to have = haben)
he	er
head	der Kopf
hear	hören
hearing	▶ has bad hearing
hears	hört (to hear = hören)
help	hilft; helfen
her	ihr(e); sie
here	▶ come here
him	ihm; ihn
his	seine(n)

	hook	der Haken; hakst (to hook = haken)
	hook up	einhaken
	hooks	hakt (to hook = haken)
	how	wie
	however	aber
	hurt	weh tun
I	I	ich
	I am sure	ich bin mir sicher
	I didn't like	ich mochte nicht / ich fand es blöd, dass…
	I don't care.	Das ist mir egal.
	in	im; in
	in any case	jedenfalls
	including	▶ nothing including
	instance	▶ for instance
	in the back	(ganz) hinten
	into	in; ins
	is	ist (to be = sein)
	is afraid	hat Angst
	is coming up	kommt gleich (to be coming up = bald kommen)
	isn't	ist nicht (Kurzform von: is not)
	it	es
	it's	es ist (Kurzform von: it is)
	it's none of our business	das geht uns nichts an (to be none of someone's business = einen nichts angehen)
J	janitor	der Hausmeister
	jumps	springt (to jump = springen)
K	keep	behalten
	know	wissen; kennen
	knows	weiß (to know = wissen; kennen)

L

lap	der Schoß
later	später;
	▶ shortly later
laugh	lachen
laughs	lacht (to laugh = lachen)
lays	legt (to lay = legen)
learn	lernen
Leave him alone!	Lasst ihn in Ruhe!
lesson	der Unterricht, die Unterrichtsstunde
let's	Kommt, wir … (Kurzform von: let us)
lie down	sich hinlegen
life	das Leben;
	▶ you'll get the surprise of your life
lifeguard	der Bademeister
like	haben wollen; mögen;
	▶ I didn't like
likes	kann gut leiden
	(to like = gut leiden können)
little	klein;
	▶ a little
live	leben
long	lang;
	▶ as long as
look	gucken
look at	ansehen
looking	guckt (to look = gucken);
	▶ was looking for
looks	guckt (to look = gucken)
looks at	guckt; sieht an
	(to look at = gucken; ansehen)
loud	laut
louder	lauter
louder and louder	immer lauter
loudly	laut
luckily	zum Glück

M

make	machen
makes happy	macht froh
	(to make happy = froh machen)
mom	Mama
Maths	das Schulfach Mathematik
math problem	die Mathematik-Aufgabe
maybe	vielleicht
me	mich; mir
middle	mitten; die Mitte
more	mehr
mother	die Mutter
mouths	die Münder (mouth = der Mund)
move to another seat	umsetzen
Mr	Herr(n)
Mrs	Frau
much	viel
must	muss (must = müssen)
myself	selbst

N

name	der Name
needs to	muss (need to = müssen)
new	neu
next	nächste
next time	wieder / erneut
next to	neben
nice	nett
no	nein
no way	von wegen; auf keinen Fall
nobody	keiner, niemand
nods	nickt (to nod = nicken)
none	nichts;
	▶ it's none of our business
not	nicht
not true	stimmt nicht
nothing	nichts
nothing including	nichts mit
now	jetzt

O

of	vom; von; ▶ because of; ▶ thought of
of course	aber klar; natürlich
of what	wovor
off	▶ gives off; ▶ takes off
offers	hält hin (to offer = hinhalten; anbieten)
on	an; auf; ▶ carries on asking; ▶ puts back on
once	einmal; früher
one	einer; ein
one day	▶ später / eines Tages
only	nur
onto	auf
opens	öffnet (to open = öffnen)
or	oder
other	andere; ▶ each other
others	▶ the others
our	unsere; unser
out	▶ gives out; ▶ hand(s) out; ▶ spit out
outside	draußen
over	▶ waves over

P

paper	das Papier
pay attention	aufpassen
pet	streicheln
piece	das Stück
pitifully	kläglich
please	bitte
points at	zeigt auf (to point at = auf etwas zeigen)

	pool	das Schwimm-(Becken)
	possible	möglich
	problem	das Problem;
		▶ math problem
	put up a rope	eine Leine spannen
	puts back on	zieht wieder an
		(to put back on =
		wieder anziehen)
Q	Quiet!	Ruhe!
	quietly	leise
	quite	ganz
R	reaches	greift (to reach = greifen)
	really	ganz; wirklich
	romp	toben
	rope	die Leine
	run	rennen
	run away	abhauen
	runs	läuft (to run = laufen; rennen)
S	said	gesagt; sagte (to say = sagen)
	satisfied	zufrieden
	say	sagen
	says	sagt (to say = sagen)
	scared	▶ was scared
	school	die Schule
	school yard	der Schulhof; der Hof
	scrapes	schabt (to scrape = schaben)
	scraping	das Schaben
	scratches	kratzt (to scratch = kratzen)
	scratching	das Kratzen
	search the school yard	den Hof absuchen
		(to search something =
		etwas absuchen)
	seat	der Platz;
		▶ move to another seat

second	zweite(r)
separated	getrennt
shakes	schüttelt (to shake = schütteln)
she	sie
she's	sie ist (Kurzform von: she is)
shoe	der Schuh
shortly later	kurz danach
should	sollte(n)
shouted	geschrien; schrie (to shout = schreien; brüllen)
shouts	brüllt, schreit (to shout = schreien; brüllen)
shower	die Dusche
side	die Seite
simply	überhaupt; einfach
sit	sitzt; sitzen
smack	plob (Geräusch des Aufklatschens)
small	klein, kleiner
smiles at	lacht an (to smile at = anlachen)
smiles back at	lacht zurück (to smile back at = zurück lachen)
so	also; auch; so
so that	so dass
solving	ausrechnen, lösen (von Mathematik-Aufgaben) (to solve = lösen, ausrechnen)
some	etwas
something	etwas; irgendetwas
soon	bald; ▶ as soon as
sounds	klingt (to sound = klingen)
spatula	der Spachtel
spit out	ausspucken
splash	spritzen
stand	stehen; ▶ can't stand
standing	stehen (to stand = stehen)

stands	steht (to stand = stehen)
stares	starrt (to stare = starren)
starts	beginnt (to start = beginnen)
stay	bleiben
stays	bleibt (to stay = bleiben)
step	die Stufe
steps	die Treppen; tritt (to step = treten)
sternly	streng
stick	kleben
sticks	klebt (to stick = kleben)
still	noch
stomach-ache	die Bauchschmerzen
stops	hört auf (to stop = aufhören); bleibt stehen (to stop = stehen bleiben)
strictly	streng
student	die Schülerin; der Schüler
stuff	das Zeug
suddenly	plötzlich
supposed to	sollen
sure	sicher; ▶ I am sure
surely	bestimmt
surprise	die Überraschung
surprised	erstaunt
sweetly	lieb; süß
sweets	die Süßigkeiten
swim	schwimmen
swimmer	der Schwimmer; die Schwimmerin
swimming	das Schwimmen
swings	schwenkt (to swing = schwenken)

T

tables	die Tische
takes	nimmt (to take = nehmen)
takes off	zieht aus (to take off = ausziehen)
teacher	die Lehrerin; der Lehrer
tease	ärgern

tell	sagen; erzählen
tells	sagt (to tell = sagen);
	erzählt (to tell = erzählen)
that	das, dass;
	▶ after that;
	▶ so that
that's	das ist (Kurzform von: that is)
the	der; die; das
the others	die anderen
their	ihren
them	ihnen
then	da; dann
there	da; dort
there are	es gibt
there's	da ist (Kurzform von: there is)
therefore	da; deshalb
they	sie
things	die Dinge
think	denken
thinks	denkt (to think = denken)
thinks about	denkt nach (über)
this	das
thought of	dachte an
	(to think of = an etwas denken)
time	die Zeit;
	▶ next time
to	zu; zur;
today	heute
together	zusammen
too	auch
towards	in die Richtung
true	wahr;
	▶ not true
try	versuchen

U

under	darunter; unter
underneath	unter

	understand	verstehen
	up	▶ hook up;
		▶ is coming up;
		▶ put up a rope
	usually	meistens
V	very	sehr; ganz
W	walk	laufen
	walks	läuft (to walk = laufen)
	want	willst (to want = wollen); mögen;
		▶ didn't you want
	wants	möchte (to want = möchten);
		will (to want = wollen); hat Lust
		(Lust haben = to want)
	warn	warne (to warn = warnen)
	was	war (to be = sein)
	was looking for me	hat mich gesucht
	was scared	hatte Angst
		(to be scared = Angst haben)
	wasn't afraid at all	Angst hat er keine gehabt
	water	das Wasser
	waves over	winkt herüber
		(to wave somebody over =
		jemanden herüber winken)
	way	die Art, wie;
		▶ all the way to the back
	we	wir
	well, o.k.	na gut
	were	waren (to be = sein)
	wet	nass
	what	was;
		▶ of what;
		▶ what's wrong;
		▶ with what
	what's wrong	was ist los; was habt ihr;
		(Kurzform von: what is wrong)

when	als
where	wo
while	beim; während
whimpering	winselt (to whimper = winseln); das Winseln
who	wer
Who did this?	Wer war das?
why	warum
will	wird, wirst (will = werden (Zukunft))
with	mit, damit
with what	womit
without	ohne
wolves	die Wölfe
work	▶ doesn't work
works	geht (to work = gehen; funktionieren)
would	würde; würden; würdest
would like to	würde am liebsten
wrong	▶ what's wrong
Y you	du; dir; dich; Sie; ihr; euch
you'll get the surprise of your life	dann könnt ihr was erleben
your	dein; euren

Cordula Tollmien

Kleine Schulgeschichten

Mit Bildern von Stephan Baumann

Wer sitzt neben Julia?

„Das ist Julia“,
sagt die Lehrerin.
„Sie kommt neu
in unsere Klasse.“

Julia nickt und
schwenkt eine große Tüte.
„Ich habe jedem
etwas mitgebracht“,
ruft sie.
Alle klatschen und schreien.

Die Lehrerin ruft:
„Nicht jetzt.
Jetzt haben wir Unterricht.
Die Süßigkeiten kannst du
in der Pause verteilen.

Wer will neben Julia sitzen?“
Wieder schreien alle: „Ich!“
Nur Tom sagt nichts.

„Wo willst du sitzen, Julia?“,
fragt die Lehrerin.
„Dahinten“, antwortet Julia.
Sie zeigt auf Tom.

„Kennt ihr euch?“,
fragt die Lehrerin erstaunt.
„Nein“, antwortet Julia.
„Na gut“, sagt die Lehrerin.
„Der Platz neben Tom
ist noch frei.
Da muss ich
niemanden umsetzen.“

In der Pause verteilt Julia
ihre Süßigkeiten.
Alle stehen um sie herum.
Nur Tom nicht.
Julia geht zu ihm.

„Was ist los?“, fragt sie.
„Nichts“, antwortet Tom.
„Warum wolltest du nicht
neben mir sitzen?“,
fragt Julia weiter.
„Wollte ich doch“,
sagt Tom.
„Stimmt nicht“, sagt Julia.

Tom denkt nach und sagt:
„Ich fand es blöd,
dass die anderen
so geschrien haben.
Nur wegen der Süßigkeiten."

Jetzt denkt Julia nach.
„Ich hab das nur gemacht,
weil ich Angst hatte“,
erklärt sie.
„Wovor?“, fragt Tom.
„Dass mich niemand mag.
Weil ich doch keinen kenne“,
antwortet Julia.

Daran hat Tom nicht gedacht.
Aber das kann er verstehen.
Eigentlich ist Julia sehr nett.
Auch ohne Süßigkeiten.
Das sagt er ihr.

Julia lacht ihn an und fragt:
„Willst du trotzdem welche?“
Sie hält ihm die Tüte hin.
Tom lacht zurück.
Dann greift er
tief in die Tüte.

Darf Timmi bleiben?

Mitten in der Rechenstunde
kratzt es plötzlich
an der Tür.
Die Kinder lachen.

„Ruhe!“, sagt Frau Richter.
Sie stellt die nächste Aufgabe.
Aber niemand rechnet.
Alle starren zur Tür.

„Was habt ihr bloß?“,
fragt Frau Richter.
„Hören Sie das denn nicht?“,
fragt Malina.
Frau Richter muss
wirklich schlecht hören.

Jetzt winselt es.
Das hört auch Frau Richter.
„Ist das einer von euch?“,
fragt sie streng.
Alle schütteln den Kopf.

„Das kommt von draußen“,
sagt Lars.
„Dann geht es uns nichts an.
Wir rechnen weiter“,
antwortet Frau Richter.

Doch das Winseln wird
immer lauter.
Da endlich öffnet
Frau Richter die Tür.

Ein kleiner Hund saust herein.
Er läuft ganz nach hinten
zu Franziska
und springt ihr laut bellend
auf den Schoß.

„Ist das dein Hund?“,
fragt Frau Richter.
Franziska nickt
und strahlt dabei.
Deshalb guckt Frau Richter
nicht mehr ganz so streng.
„Wie heißt er denn?“, fragt sie.
„Timmi. Er hat mich gesucht“,
antwortet Franziska leise.
Dabei strahlt sie noch mehr.

„Ach bitte!
Darf Timmi bleiben?
Nur heute! Bitte!“,
betteln alle.

„Ein Hund gehört
nicht in die Schule“,
sagt Frau Richter.

Aber Timmi guckt so lieb
und Franziska auch.
Da sagt Frau Richter:
„Aber wirklich nur heute!“

Dann dürfen alle Kinder
Timmi streicheln.
Aber nur einmal.

Danach muss sich Timmi
unter Franziskas Stuhl legen.
Die Kinder dürfen nicht
zu ihm hinsehen.
Sie müssen aufpassen.

Frau Richter erzählt ihnen
etwas über Hunde.
Wie sie leben und
was sie fressen.
Und dass sie früher Wölfe waren.

Denn schließlich sollen
die Kinder etwas lernen.
Zum Glück ist bald Pause.

Zum Beispiel Kaugummi

Der Hausmeister
heißt Herr Franz.
Meistens ist Herr Franz
sehr nett zu den Kindern.

Aber es gibt ein paar Dinge,
die er überhaupt
nicht leiden kann.
Zum Beispiel Kaugummi.

Er sagt immer:
„Solange ihr das Zeug
im Mund habt,
ist mir das egal.
Aber wehe,
ihr spuckt es auf den Hof
oder klebt es unter die Tische.
Dann könnt ihr was erleben."

Ernesto weiß das.
Aber er klebt seinen Kaugummi
trotzdem auf die Treppe.
Er will Herrn Franz ärgern.

Kurz danach kommt Herr Franz.
Als er auf den Kaugummi tritt,
macht es laut „plob“.

Herr Franz bleibt stehen.
Er zieht seinen Schuh aus
und guckt darunter.
Dann brüllt er:
„Alle mal herkommen!
Wer war das?“

Ernesto steht ganz hinten.
Aber das nützt nichts.
Herr Franz muss
gar nicht weiter fragen.
Er winkt Ernesto zu sich.

Dann zeigt er
auf seinen Schuh und sagt:
„Sauber machen!“
„Womit?“,
fragt Ernesto kläglich.

Jan gibt ihm ein Stück Papier.
Aber damit geht es nicht.
Das Papier bleibt
am Kaugummi kleben.

Da zieht Herr Franz
seinen Schuh wieder an.
Er holt einen Spachtel.
Damit geht es viel besser.
Ernesto macht
auch die Stufe sauber.

Doch Herr Franz ist
noch nicht zufrieden.

Er geht zu
Ernestos Lehrerin.
Sie gibt Ernesto
eine Stunde frei.

Zusammen mit Herrn Franz
muss Ernesto den Schulhof
nach Kaugummi absuchen.

Das ist vielleicht eklig.
Überall klebt welcher.
Ernesto kratzt und schabt.
Seine Hände tun ihm weh
vom vielen Kratzen und Schaben.

Jetzt weiß Ernesto,
warum Herr Franz
Kaugummi nicht leiden kann.
Und das sagt er ihm auch.
Da lacht Herr Franz.

Darüber ist Ernesto sehr froh.
Denn eigentlich kann er
Herrn Franz gut leiden.

Wenn er mal wieder Lust hat
ihn ein bisschen zu ärgern,
wird er sich irgendetwas
anderes ausdenken.
Jedenfalls bestimmt
nichts mit Kaugummi.

Der zweite Bademeister

„Ich habe bestimmt Fieber“,
sagt Julian.
Mama legt ihm die Hand
auf die Stirn und sagt:
„Nein, hast du nicht.“

„Aber Bauchschmerzen“,
sagt Julian.
Mama sieht ihn an und fragt:
„Was ist los, Julian?
Willst du nicht in die Schule?
Ihr habt doch heute Schwimmen.
Das ist doch toll.“

„Von wegen“, denkt Julian.
Aber er sagt nichts.

Julian hat Angst vorm Wasser.
Beim Umziehen trödelt er.
Unter der Dusche bleibt er
so lange wie möglich.

Alle sind schon im Wasser.
Nur Julian noch nicht.
Die anderen toben und spritzen.
Am liebsten
würde Julian abhauen.

Da kommt der Bademeister
zu Julian und fragt:
„Kannst du mir helfen?
Das Becken für Kinder muss
durch eine Leine
vom tiefen Becken getrennt sein.

Ich habe vergessen
sie zu spannen.
Sie muss aber
unbedingt da sein.
Damit ihr alle wisst,
wo es tief wird.

Könntest du das für mich tun?
Dann brauche ich
nicht selbst ins Wasser."

„Kann ich das denn?“,
fragt Julian ängstlich.

Der Bademeister antwortet:
„Aber klar!
Das ist ganz einfach.
Du gehst ins Wasser.
Dann gebe ich dir die Leine.

Damit läufst du
zur anderen Seite.
Dort gibt es einen Haken.
Da hakst du die Leine ein.
Das ist alles."

Julian hat Angst.
Da muss er ja ins Wasser!
Aber der Bademeister ist
so freundlich.
Da mag er nicht nein sagen.

Also geht Julian los.
Schon auf der Treppe
spritzen ihn die anderen nass.

Doch da ruft der Bademeister:
„Lasst ihn in Ruhe!
Er ist heute
der zweite Bademeister.“
Da traut sich keiner mehr.

Julian nimmt die Leine
und geht durch das Becken.
Drüben hakt er sie ein.
Das war wirklich ganz leicht.
Und Angst hat er
auch keine gehabt.

„Zweiter Bademeister“,
hat der Bademeister gesagt.
Das klingt gut.

Ob Julian vielleicht doch
versuchen sollte
schwimmen zu lernen?
Dann könnte er später
Bademeister werden.